Erik May

ÜBER NACHT?

Ein politisches Kammerspiel
in Reimprosa*

*

nach einer wahren Begebenheit

Für
Claus-Dieter F.
und
Friedhelm P.

Das Stück ist die ›irdische‹ Variante zu meinem politischen Schwank ›Unkorrekte Liebe‹. Über Nacht wird ein Ehepaar vor eine große Herausforderung gestellt: Die Partnerin wechselt die politischen Fronten. Der Partner kann es nicht begreifen und fragt einen Freund um Rat – ein zu Herzen gehender Fall, der aus der Wirklichkeit gegriffen ist und nur durch die Liebe vor einem tragischen Ende bewahrt wird.

Erik May
Unternehmensästhet aus der Lausitz, lebt in Berlin
www.grawert-may.de

Layout: Cornelia Agel
Herstellung und Verlag:
Books on Demand, Norderstedt 2021
ISBN: 9783752670820

PERSONEN

MICHAEL   ein Grüner

MICHAELA   seine Frau, genannt Micha:
                  erst grün, dann alternativ

MARTIN   ein Liberaler

ORT
Bei Michael und Michaela zuhause

ZEIT
Gegenwart

SZENEN

1. SZENE

Martin und Michael in Michaels und Michaelas Haus,
nachmittags beim Tee

MICHAEL
Ich kann's nicht glauben, über Nacht
Hat meine Frau etwas gemacht
Was ich nur schwer begreifen kann
Ich hoff, ich kann es irgendwann
Sie ist jetzt nicht mehr bei den Grünen
Sie zieht es mehr auf rechte Bühnen

Mich wundert sehr, dass sie das tat
Ich brauche dringend deinen Rat

MARTIN
Michael, wer sowas tut
Der zeigt am Ende sehr viel Mut
Wer lässt sich schon so gerne schelten
Wer will schon gern als Rechter gelten
Der vorher lange Grüner war
Das war sie doch, so viel ist klar

MICHAEL
Wir waren's beide noch bis gestern
Ich höre schon die Leute lästern
Die uns politisch nahestanden
Und uns so harmonisch fanden
Wir beide waren grün und links

MARTIN
Michaela ist 'ne Sphinx
Das hab ich immer schon geahnt
Mir hat es immer schon geschwant
Die bleibt nicht lange bei der Stange
Mir wurde manchmal richtig bange …

MICHAEL
unterbricht ihn

Das sagst du jetzt zum ersten Mal
Bisher war dir das doch egal
Ob sie und ich zusammenpassen
Leben, hieß es, leben lassen
So ging es gut, jahrein, jahraus
Jetzt kommst du plötzlich dámit raus

MARTIN
Das mit der Sphinx nehm ich zurück

MICHAEL
Das ist ja auch ein starkes Stück

MARTIN
Ja, ja, verzeih, ich meinte bloß …

MICHAEL
unterbricht ihn erneut

Du bist für mich ein Gernegroß
Im Nachhinein weißt du Bescheid
Danach tut es dir wieder leid

MARTIN
Nun unterbrich mich doch nicht immer
Ich weiß, ich habe keinen Schimmer

Wie ihr täglich zusammenlebt
Ob ihr vielleicht zusammenklebt
Oder ob mehr isoliert
Mehr voneinander distanziert
Ich weiß es nicht und will's nicht wissen
Doch würde ich es sehr vermissen
Wenn jetzt die Harmonie ausbleibt
Wenn Michaela euch zerreibt
Wenn ihr euch beide nur noch streitet
Weil sie dir Ungemach bereitet

MICHAEL
Halt stopp, dir schießen ja die Zügel
Das ist alles nur Geklügel
Noch sind wir einträchtig zusammen
Zwar will ich sie manchmal verdammen
Doch erstmal möchte ich verstehen
Wie ihre Argumente gehen
Was sie dazu getrieben hat

MARTIN
Ja genau, gab's einen Cut
Gab's ein Aha-Erlebnis
Dass sie darauf im Ergebnis
Einen solchen Schwenk vollzog

MICHAEL
Mir scheint, wenn mich nicht alles trog
Sie zog es damals in den Sog
Von anno Fünfzehn, Flüchtlingsjahr
Da wurde plötzlich offenbar
Was eine Überforderung war
Und zwar für alle jene Leute
Die nicht imstande sind, bis heute
Das Fremde einfach zuzulassen
Für mich ist das nur schwer zu fassen

MARTIN
Moment mal, das geht mir zu schnell
Mir juckt schon wieder fast das Fell
Auch ich, ich musste anfangs stöhnen
Und mich daran erstmal gewöhnen
Obwohl ich Fremde akzeptiere
Mich nicht in Fremdenfurcht verliere

Nicht jeder ist beherzt wie du
Gern klappt man das Visier mal zu
Das ist doch menschlich, oder nicht
Das findest du in jeder Schicht
Da geht man dann doch nicht gleich stiften
Und wird nicht gleich nach rechts abdriften
unterbricht sich plötzlich,
fast liebevoll zu Michael gewandt
Dein Tee, der mundet mir zwar sehr
Doch schmeckt er irgendwie nach mehr

Sieh in mir bitte keinen Dandy
Doch hättest du wohl einen Brandy
Den man dazu trinken kann
Der belebt mich nämlich dann
Wenn allzu harte Themen drohen
Und wir drohen zu verrohen

MICHAEL
steht auf und geht zu einem Schrank;
kommt mit einer Flasche Brandy und zwei Gläsern zurück;
gießt Martin ein, sich erstmal nicht – darauf

Auf dass du mir jetzt nicht verrohst
Und du mir auch nicht damit drohst

MARTIN
Willst du dir nicht auch einschenken
Das belebt doch unser Denken

Komm, schenk dir ein und trinke mit
So halten wir gemeinsam Schritt

MICHAEL
schenkt sich auch ein Glas ein,
erhebt sein Glas und prostet Martin zu

Also gut, du bist mein Gast
Dem falle ich nicht gern zur Last
Obwohl du deine Macken hast
Und der Brandy mir nicht passt
Denn ein Dandy bin ich nicht

MARTIN
Der stünde dir gut zu Gesicht
Du siehst noch immer blendend aus
Ich finde, du machst nichts daraus

MICHAEL
Ich bin zu links und bin zu grün
Von denen würde mir was blühn
Das wäre ihnen viel zu kühn

MARTIN
Wenn das so ist, komm doch zu uns
Bei uns, da triffst du Hinz und Kunz
Da kann man leben, wie's beliebt
Da findst du nichts, was es nicht gibt
Es ist den meisten einerlei
Als Liberaler bist du frei

MICHAEL
Wer einmal grün ist, bleibt es gern
Zu wechseln, liegt ihm eher fern
Schon gar nicht zu den Liberalen
Und schon gar nicht vor den Wahlen

MARTIN
Und doch ist deine Michaela
Nichts andres als ein Wechselwähler

MICHAEL
Das hatte ich doch glatt verdrängt
Jetzt fühl ich mich erneut beengt

MARTIN
Das tut mir leid, trink noch 'n Schluck
Der weitet deine Brust ruck zuck

MICHAEL
trinkt, wie ihm geheißen:
währenddessen spricht Martin weiter

MARTIN
Übrigens, deine Worte eben
Fangen an, in mir zu weben
Ich merke grade das Bestreben
Sie durch Noten zu beleben
Und in Gesänge zu erheben
Sei nicht böse, wenn ich singe

MICHAEL
Du machst vielleicht komische Dinge

MARTIN
beginnt, singend zu improvisieren

Ich bin zu links und bin zu grün
Von denen würde mir was blühn
Das wäre ihnen viel zu kühn

MICHAEL
Für den Anfang nicht so schlecht

MARTIN
Das klingt ja so, als wär's dir recht
improvisiert weiter

Wer einmal grün ist, bleibt es gern
Zu wechseln, liegt ihm eher fern

MICHAEL
Genug jetzt, alter Papagei
Das klingt wie eine Litanei

MARTIN
Ich finde einfach nichts dabei

MICHAEL
Du fürchtest gar nicht anzuecken
In deiner Haut möcht ich nicht stecken
Mir scheint, du musst noch sehr viel üben
Doch sag, wo warn wir stehn geblieben

MARTIN
Bei Michaelas Wechselwahl
Das ist uns beiden nicht egal
Was gab sie denn für Gründe an
Was zog sie so in ihren Bann

MICHAEL
Sie sprach auf einmal so gewählt
Das hat mir grade noch gefehlt
Es klang mir alles zu pompös
Ich wurde dabei ganz nervös
Weil sie es mit dem *Wesen* hatte
Wesen des Volks, das war die Platte
Die wurde ständig aufgelegt
Das hat mich jedes Mal erregt
Als würde unser Volk beschädigt
Und durch die Flüchtenden erledigt

MARTIN

Kann's sein, dass du jetzt übertreibst
Und nicht ganz bei der Wahrheit bleibst
Weil du es so ganz anders siehst
Dich deshalb nicht so sehr bemühst
All jene Gründe darzulegen
Die deine Frau auch noch bewegen

MICHAEL

Na ja, sie sprach die Masse an
Die in unser Land reinkam
Nichts sei richtig reguliert
Es passiere, was passiert

MARTIN

Das hört sich schon ganz anders an
Und da ist ja auch was dran
Die Sorge hatten viele Leute
Teilweise sogar bis heute

MICHAEL

Ja gut, doch mit dem blöden *Wesen*
Da hat sie sich was angelesen
Das Volk wird von ihr mythisiert
Ich hab's bis heute nicht kapiert
Sie schwärmt von etwas Homogenen
Ohne genauer zu erwähnen
Ob es je so etwas gab
Da hält sie mich ganz schön auf Trab

MARTIN

Ob es das gab, das fragt dort keiner
Die sind ja nicht wie unsereiner
Der es geschichtlich wissen will
Für sie steht die Geschichte still
An deren Stelle tritt die Mythe
Vom reinen Volk, du meine Güte

Sein Uranfang ist irgendwo
Geschichtlich in nem Nirgendwo

MICHAEL
Was du da sagst, denke auch ich
Nach allem aber frag ich mich
Wie ich darauf reagiere
Wie ich mich dafür interessiere
Es nützt nichts, wenn ich mich nur ziere
Wir leben schließlich Tür an Türe

Ich überleg und überleg
Doch finde ich noch keinen Weg
Wie das Problem zu lösen wäre

MARTIN
Dass du so denkst, das macht dir Ehre
Es liegt ja die besondre Schwere
Dieses Problems im Mythos selbst
Wenn du gar nichts davon hältst
Kommst du dem auch gar nicht bei
Wie stark auch dein Bemühen sei

Wir sollten ganz kurz innehalten
Einfach, um mal abzuschalten

MICHAEL
Wo du Recht hast, hast du Recht
Als Gastgeber bin ich dein Knecht

MARTIN
Doch erstmal sag ich wieder Prost
Dir und deiner Frau zum Trost.

Ende der 1. Szene

2. SZENE

MICHAEL
gießt etwas Tee nach;
währenddessen

MARTIN
Sprich doch noch einmal von dem *Wesen*
Hat sie sich das nur angelesen
Oder ist es mehr gewesen

MICHAEL
Wenn ich nur wüsste, das zu sagen
Ich muss mich immer wieder fragen
Warum ich vorher nichts bemerkte
Und mich in dem Glauben stärkte
Wir seien ein Herz und eine Seele

MARTIN
Es tut mir leid, wenn ich dich quäle
Doch kann ich es kaum nachvollziehn
Dass Micha dir noch grün erschien
Während sie schon die Farbe tauschte
Und in die rechte Richtung rauschte
Du bist, scheint mir, auch sonst recht grün
Oder hab ich einen Spleen

Dir quillt das Grün aus allen Poren
Bist du auch grün hinter den Ohren

MICHAEL
Vergaßt du, dass wir vorhin schworen

Und uns beide auserkoren
Den anderen nicht zu bedrohen
Um nicht selber zu verrohen

Du gingst schon wieder leicht zu weit
Ich denke, es wird langsam Zeit
Dass du erneut Vernunft annimmst
Und einen andren Ton anstimmst
Sonst können wir das hier vergessen

MARTIN
Verzeih, ich war wohl zu vermessen
Und irgendwie darauf versessen
Dich zum Sprechen zu bewegen
Ich wollte dich doch nicht erregen

MICHAEL
Wahrscheinlich liegt es an dem Brandy
In Wahrheit bist auch du kein Dandy
Denn dér behält die Contenance

MARTIN
Ich glaube, ich sprach wie in Trance
Und verlor wohl die Balance
will wieder zum Glas Brandy greifen,
da fährt Michael dazwischen

MICHAEL
Lass ja die Pfoten von dem Glas
Ich warne dich, sonst war es das
besinnt sich wieder

Dass du die Balance verlorst
Und vergaßt, was du mir schworst
Hat jedoch letztlich etwas Gutes
Denn ich bin wieder guten Mutes
Mich genauer zu besinnen

Ja, von neuem zu beginnen
Michas Wandel zu bedenken
Und mich nicht wieder abzulenken
Ich wollte mich nur nicht erinnern
Meinen Zustand nicht verschlimmern

Ich seh jetzt klarer, was geschah
Mir kommt jetzt alles wieder nah
Doch verschweig ich es zu gern
Mir liegt es eben selbst zu fern
Mich mal eben zu erfrechen
Und mythisch übers Volk zu sprechen

MARTIN
Hat sie denn selbst davon gesprochen

MICHAEL
Aber ja, ununterbrochen
Ich wollte es bloß nicht mehr hören
Jedes Wort begann zu stören
Jetzt erinner ich mich wieder
Ich sage dir, da legt's di nieder

MARTIN
Erzähl es nur, ich bin ganz Ohr
Und werfe dir auch nichts mehr vor

MICHAEL
Jetzt wirkst du richtig edelmütig
Als wärst du nun auf einmal gütig
Doch bist du nichts als liberal
Und windest dich bloß wie ein Aal

Egal, das Wort, um das es geht
Um das sich bei ihr alles dreht
Das ist, du ahnst es wohl, die Schuld

In fast schon religiöser Huld
Leisteten wir uns den Kult
Den uns die Amis anerzogen
Das hätte uns total verbogen

Sie redet gern vom Schuldkomplex

MARTIN
So redete auch meine Ex
Seit fünfundvierzig, meinte sie –
Ich verstand das bei ihr nie –
Seien wir indoktriniert
Als wäre vorher nichts passiert
Die NS-Zeit bleibt ganz draußen
Die kam scheint's irgendwie von außen

MICHAEL
Sie wird vollständig ausgeblendet
Ich frage mich nur, wo das endet
Vielleicht weißt du schon mehr als ich
Denn schließlich traf es wohl auch dich
Dein Rat, der ist mir deshalb teuer
Mir ist noch alles nicht geheuer
Ich rätsele so vor mich hin
Und finde nirgends einen Sinn

Micha war mal 'ne Marxistin
Danach dann bald Ökologistin
Die ganze grün-linke Palette
Als liefe sie da um die Wette
Und dann der Bruch, da war es aus

MARTIN
Ich werde auch nicht schlau daraus

Doch jetzt bin ích wohl erstmal dran
Ich hoffe, dass ich helfen kann

Nur fühle ich mich gar nicht schlauer
Weiß aber vielleicht schon genauer
Wie unsereiner vorgehn sollte
Wenn er es begreifen wollte

Es ist und bleibt für mich höchst seltsam
Wie es zu dieser Blendung kam
Sie blenden beide etwas aus
Das kommt den beiden nicht ins Haus
Sie wollen keine Schuld empfinden
Den Komplex ganz unterbinden
Und setzen beide das Fanal
›Kommt uns nicht mit der Moral‹

Dieses Fanal entlastet viele
Die den Schuldkomplex als Mühle
Als Mühlstein um den Hals empfinden
Ein Volk könne das nicht verwinden
Das deutsche nun schon einmal gar nicht
Es zu verschonen unsre Pflicht

MICHAEL
Da wärn wir wieder bei dem Mythus
Als gäbe es da einen Ritus
Dem sie alle folgen wollen
Mir scheint das alles sehr verquollen
Das Volk wird huldvoll angebetet
Und die Geschichte so geknetet
Bis sie, von der Moral entsorgt
Denen allen wie geborgt
Wie nicht von uns gemacht erscheint
Als eine, die man nicht beweint
Weil sie uns alle sonst nicht eint

MARTIN
Stimmt, doch lass ja Vorsicht walten
Wenn wir uns nicht schlau verhalten

Machen wir die Sache schlimmer
Und schlimmer, das geht schließlich immer

MICHAEL
Da hast du Recht, ich folge dir
Aber sag du bitte mir
Wie ich mich schlau verhalten soll
Denn die Sache ist wie toll

Mir fällt gerade etwas ein
Das machte mir schon vorher Pein
Micha war in einem Chor
Und das noch ziemlich kurz davor
Sie sang gemeinsam mit Migranten
Die sich alle recht gut kannten
Als wärn sie fast unter Verwandten
Ein Türke war vom Chor der Leiter …

MARTIN
unterbricht ihn

Stopp mal, rede mal nicht weiter
Hat ihr vielleicht jemand missfallen
Dass sie dann sofort mit allen
Die sie einmal mochte, brach
Dass sie plötzlich der Hafer stach

MICHAEL
Ich weiß wohl, dass sie jemand sprach
Doch der sang nicht, sondern kochte
Ich glaube schon, dass sie ihn mochte
Er kochte in der Waldorfschule
Da gab es später dann Bambule
Micha flog am Ende raus
Ihr Rechtsruck war dem Haus ein Graus

Der Koch, der war islamophob

Und er erhielt von ihr viel Lob
Das könnte auf die Fährte führen
Der Koch, der schien sie auch zu rühren

MARTIN
Da hast du etwas in der Hand
Aus dem Faden wird ein Band
Doch ich verspüre wieder Brand
Ein Schlückchen musst du mir gewähren
Das ganze Glas will ich nicht leeren
Es wird dich deshalb nicht entehren
Danach dann will ich gern entbehren.
trinkt;
darauf

Wie müssen sowieso pausieren
Das Ganze geht mir an die Nieren
Ich denk an meinen eigenen Fall

MICHAEL
Als wärn wir aus dem gleichen Stall
Obwohl – du bist ja liberal.

Ende der 2. Szene

3. SZENE

MICHAEL
Na, dann wolln wir wieder mal
Und? Wie geht es meinem Aal

MARTIN
Mach dich nur über mich lustig
Im Grunde nämlich bist du frustig
Weil du nicht richtig weiter weißt

MICHAEL
Was im Umkehrschluss wohl heißt
Dass du kraft ganz besonderer List
Dir schon längst im Bilde bist

MARTIN
Ich weiß leider auch nicht weiter
Komm, stimme mich ein wenig heiter
Damit wir keine Trübsal blasen
Als wärn wir beide nur Schnapsnasen

MICHAEL
Na, wir beide sind es kaum
Das sind wir nur in deinem Traum
'Ne Schnapsnase bist du allein
Wie sollte es auch anders sein
Wer so viel Brandy in sich tankt
Und immer wieder mehr verlangt
Und wer dann anfängt, laut zu singen
Der hat für mich vor allen Dingen

Nichts anders verdient als das
Dein Verhalten ist sehr krass

MARTIN
Ich danke für das Kompliment
Glück dem, der sich so leicht verrennt
Ich suche schon nach dem Moment
Der deine Schwäche klar benennt
Doch bitte ich dich, fortzufahren
Es wird sich sehr schnell offenbaren
Dass du ziemlich kleinlaut wirst
Und dein Witz daran zerbirst

MICHAEL
Werde mir nur ja nicht krötig
Ich bin erbötig, wo es nötig
Und gebe Auskunft, wo ich kann
Du stehst, so hoff ich, deinen Mann

Fangen wir wieder von vorne an
Was zog die Frau in ihren Bann
Ich dachte in der Pause nach
Und dachte da an meine Schmach
Als nämlich Micha davon sprach
Sie habe eine Schrift studiert
Die sich über uns mokiert

Es ging da um die Empathie
Die Empathie, so meinte sie
Sei gar nicht, was wir von ihr hielten
Sie sagte, dass wir alle schielten
Unsere Optik sei verkehrt
Darüber hat sie sich beschwert
Wir glaubten, voll Moral zu sein
Doch alles wäre bloßer Schein
Die Fremden kümmerten uns nicht
Wir täten nur so unsre Pflicht

In Wahrheit spielten wir bloß selbst –
Ob du dir darin gefällst
Oder ob du's von dir wälzt –
Die viel entscheidendere Rolle

Das amüsierte sie wie Bolle

Unsre moralische Entfaltung
Basiere auf der falschen Haltung
Wir dächten gar nicht an die andern
Sie sprach da nur von Unterwandern
Wir unterwanderten das Fremde
Alles andre sei Legende
Wir wollten uns nur rückversichern
›Die Moral in trockenen Tüchern‹
Da begann sie, fast zu kichern

Sie redete nur so drauf los
Und stellte mich tatsächlich bloß

Ich hielt meine Moral für wichtig
Im Allgemeinen auch für richtig
Doch konnte ich nicht mehr viel sagen
Es blieben Fragen über Fragen
Am Ende musste ich gestehen
Ich hätte wohl was übersehen

MARTIN
Ich mein, den Schriftsteller zu kennen
Weiß ihn bloß nicht gleich zu nennen
Er beschreibt die Empathie
Durchaus mit einigem Genie
Und zwar deren dunkle Seiten
Das lässt sich alles kaum bestreiten

Da geht es wieder um die Schuld
Beim Lesen reißt dir die Geduld

Weil es sich um die eigene dreht
Sodass sich jeder missversteht
Der glaubt, dem Opfer hehr zu dienen
Und seine Schuld damit zu sühnen

MICHAEL
Der ganze Kram, der liegt mir fern
Als käme ich vom andern Stern

Wie soll ich ihr Paroli bieten

MARTIN
versöhnlich

Wir beide sind im Grunde Nieten
Denn eins steht ohne Zweifel fest
Die Rechten sind für uns ein Test
Ob wir noch alle Köpfchen haben

MICHAEL
Die meinen ohnehin, wir traben
In allzu ausgetretnen Pfaden
Manchmal geh ich richtig baden
Wenn sie mit mir Tacheles redet
Und mich regelrecht befehdet

MARTIN
Guter Freund, das kenn ich auch
Da hilft am Ende nur der Bauch
Der Bauch sagt dir, was Sache ist
Bis du aus dem Schneider bist
Dann hat man wieder kühlen Kopf
Und ist nicht mehr der arme Tropf

MARTIN
Das klingt nicht sehr verheißungsvoll

MARTIN
Ich frag dich, was das heißen soll

Hauptsache ist, wir bleiben offen
Und tun nicht einfach nur betroffen
Sonst kauft dir Micha noch den Schneid ab

MICHAEL
Ein jeder gräbt sich selbst sein Grab

MARTIN
Na, na, das hab ich nicht gehört
Wir sind beide nur verstört
Weil wir zu empathisch waren
Wir warn uns einfach nicht im Klaren
Über ganz bestimmte Themen
Die wir für uns in Anspruch nehmen
Ohne sie zu hinterfragen
Da dreht sich dir dann gleich der Magen
Wenn deine Frau dich dazu zwingt
Und dich in Beweisnot bringt

Ich will nochmal das Buch zitieren
Dann kannst du besser diskutieren
Und Micha vielleicht auch parieren

Der Autor spricht von Dreierszenen

MICHAEL
fängt an zu gähnen

MARTIN
Beginn jetzt bitte nicht zu gähnen
Die Materie hat es in sich
Gehe also bitte in dich
Die Sache ist so kompliziert
Dass sie bald jeden enerviert

Zurück zu unsrer Dreierszene
Einer sozialen, nota bene
Zwei Menschen stehen im Konflikt
Und ein Dritter hält sich strikt
An den einen von den beiden
Er kann ihn, sagen wir, gut leiden
Für ihn ergreift er jetzt Partei
Als wäre einfach nichts dabei
Jedoch er muss dann seine Wahl –
Darin besteht wohl seine Qual –
Vor dem Ersten gut begründen
Das heißt, er muss jetzt Gründe finden
Die ihn an den Zweiten binden

Er übernimmt längst dessen Sicht
Dessen Sicht wird ihm zur Pflicht
Und so nistet unbewusst
Ein Wir-Gefühl in seiner Brust
Das nennt man dann die Empathie

MICHAEL
wackelt mit den Augendeckeln, droht einzuschlafen

MARTIN
Sag mal, schläfst du oder wie

MICHAEL
Ich bin so müde wie noch nie
Und bitte dich, verzeihe mir
Das liegt alles nicht an dir
Das Thema macht mich reichlich mürbe
Als ob ich tausend Tode stürbe
Ich sehe meine Frau vor mir
Sie steht, glaub ich, schon vor der Tür
Und fordert Rechenschaft von mir

MARTIN
Gut, dann hören wir kurz auf
Du bist jetzt eh nicht so gut drauf
Vertritt dir gerne mal die Beine
Doch geh mir ja nicht von der Leine
Du musst dir noch den Rest anhören
Sonst würde mich das sehr empören.

Ende der 3. Szene

4. SZENE

MICHAEL
Wenn's dir nichts ausmacht, sag nochmal
Wie war das noch mit der Moral

MARTIN
Wie, nochmal ganz von vorn beginnen

MICHAEL
Nein, ich bin doch nicht von Sinnen
Ich meine diese drei Personen ...

MARTIN
unterbricht ihn

Ich möchte dich vorerst verschonen
Und mich stattdessen gern belohnen
zögert

MICHAEL
fragend

Womit denn, sag es unumwunden

MARTIN
Wir sitzen hier nun schon seit Stunden
Um unsre Schwächen zu erkunden
Und die Probleme zu umrunden
Doch haben wir kaum Zeit gefunden
Uns den Genüssen hinzugeben
Und unsern Gaumen zu beleben

Sieh doch, die Gläser sind längst leer
Da gibt es keinen Tropfen mehr

MICHAEL
Du übertreibst das mit den Stunden
Doch ein Wein könnte uns munden
Nur wucher dann mit deinen Pfunden
steht auf und beginnt abzuräumen

Wie war das mit der Empathie
Ich glaube, ich kapier das nie
Ich will gern wissen, wie und wo
Doch drisch mir ja kein leeres Stroh
Und was den Brandy da angeht
Geschieht, was sich von selbst versteht
nimmt das Teeservice und den Brandy mit,
holt eine Flasche Merlot mit zwei Rotweingläsern,
stellt sie auf den Tisch und gießt ein

MARTIN
etwas verdutzt, dann

Nun, der Merlot ist auch nicht schlecht
Mir ist der Wein am Ende recht
Dann spür ich klarer, was ich sage
Weil ich sehr viel davon vertrage

MICHAEL
Auch den Wein gibt's nur in Maßen
Da lasse ich nicht mit mir spaßen
Die Flasche stelle ich zu mir
Du gehst so weit und trinkst aus ihr
Als wär es eine Flasche Bier

MARTIN
Du stellst mich in ein schlechtes Licht
Bald verlier ich mein Gesicht

trinkt einen kräftigen Schluck

Also nochmal: die Empathie
Auch ich begreife sie wohl nie
Der Empathische, wenn man so will
Denkt, er entwickelt guten Stil
Durch sein großes Mitgefühl
Indem er jetzt auf andre schaut
Von nun an auf den Flüchtling baut
Und sich ihm völlig anvertraut

Durch dieses neue Wir-Gefühl
Kommt etwas anderes ins Spiel

Weil er moralisch sich betätigt
Fühlt er sich insgeheim bestätigt
Von seiner eigenen Moral
Der Blickpunkt ändert sich total
Es geht nicht mehr um jenen Fremden
Den beginnt er auszublenden
Er richtet seinen Blick zurück
Sich selber hat er nun im Blick
Als würde die Moral sich wandeln
Und nur von ihm alleine handeln

MICHAEL
Ich bewundre dich zwar sehr
Aber ich versteh's nur schwer
Doch ich erinnre mehr und mehr
Was meine Frau zu Steiner sagte
Als ich sie einmal nach ihm fragte

MARTIN
Auch ich erinnere das schwach
Mit meiner Ex gab's damals Krach
Der Mann, der diente vielen Musen
Ich konnte ihn nicht recht verknusen

MICHAEL
Ich selbst war nicht so gegen ihn
Da er ganz praktikabel schien

Die Waldorfschule ist sein Kind
Viele sagen, dass er spinnt
Doch, gäbe es nicht die Bambule
Wär Micha heut noch auf der Schule

MARTIN
Vielleicht war ich zu ungestüm
War zu nervös, misstraute ihm

Erzähl kurz, was du von ihm weißt
Und was bei ihm empathisch heißt
Womöglich kommen wir dahinter
Und sagen entweder: da spinnt er
Oder haben einen Schritt getan
Und dieser Schritt bringt uns voran

MICHAEL
Wenn ich nur wüsste, wo beginnen
Sonst fang ich selber an zu spinnen
Die Micha sprach von einem Vortrag
Den hatte sie wohl an dem Vortag
Genau studiert und exzerpiert
Doch hab ich mir das nicht notiert

Den Titel krieg ich wohl noch hin
Die Empathie steckt da mit drin
Es ging um die sozialen Triebe
Aber es ging nicht um Liebe
Vom ›Sich begegnen‹ war die Rede
Von zwei Menschen, nicht in Fehde
Sagen wir: von dir und mir
Und du, du könntest nichts dafür
Dass du mich dabei lähmen willst

Und meinen Abwehrwillen killst
Das macht mit mir nur deine Nähe
Sie schläfert bis zur großen Zehe
Meine Denktätigkeit ein

MARTIN
Muss es bis zu den Zehen sein

MICHAEL
Ich gebe zu, ich übertrieb
Doch manchmal ist dir das ja lieb

Wichtig ist der Hauptgedanke
Den ich meiner Frau verdanke
Den sie von Steiner übernahm
Und auf den ich erst nicht kam

In der Begegnung lähmst du mich
Ich verliere mich an dich
Will mich nur mit dir verbinden
Nur noch deine Nähe finden

MARTIN
Glaubst du selber, was du sagst

MICHAEL
Also, wenn du mich so fragst
Dann will ich dir einmal verraten –
Vielleicht riechst du schon den Braten –
Ich glaub, an dem Kerl ist was dran
Der spinnt nicht nur, der gute Mann

Schläfertest nicht auch du mich ein

MARTIN
Jetzt lass mal deine Späße sein

Ist Rudolf Steiner ein Fantast
Nach deinen Worten glaub ich's fast

MICHAEL
Nein, im Ernst, das ist er nicht
Was er sagt, das hat Gewicht
Das ist wirklich nicht nur Käse
Bedenk doch, ich war ziemlich Neese
Als Micha ihre Schlüsse zog
Und mich dann dazu bewog
Zum zweiten Mal in mich zu gehen

Ich ließ die weiße Fahne wehen

MARTIN
Was war passiert, gab's eine Mahnung
Ich habe keine blasse Ahnung

MICHAEL
Wie immer, ging's um Empathie
Das war wieder typisch für sie
Ich sag es mal in der Version
Meiner Erinnerung davon

In jeder der Interaktionen
Würde Hilflosigkeit wohnen

Wenn ich dem andern zuhöre
Mich sogar für ihn empöre
Mich einfühle in seine Welt
So wie es letztlich ihm gefällt
Zieht er mich auf seine Seite
Als ob er mich dazu verleite

Das macht stets der soziale Trieb
Er ist immer auch ein Hieb
An das verlorene eigne Ich

MARTIN
Damit hatte Micha dich
Und das überrascht mich nicht

MICHAEL
Sie führte mich noch hinter's Licht
Ich fragte sie: Diese Sentenzen
Mit den bedrohlichen Tendenzen
Welches sind die Konsequenzen
Die du aus dem Ganzen ziehst

Da siehst du dann das kleine Biest

Sie sagte rund heraus, ich ziehe
Ohne die geringste Mühe
Aus alledem nur einen Schluss
Dass sich etwas ändern muss

Was sie betrifft, sagte sie offen
So sei sie nicht davon betroffen
Sie gibt sich nur, um aufzuwachen –
Da verging mir fast das Lachen –
Einen kleinen inneren Stoß
Und reißt sich so vom andern los

MARTIN
Das ist ja nicht bloß eine Wende
Die Empathie ist dann am Ende

MICHAEL
Wem sagst du das, das weiß ich auch
Das sagt mir jedenfalls mein Bauch
Doch damit komme ich nicht weit
Das endet meistens nur im Streit

Mir gehn die Argumente aus
Ich geh schon nicht mehr aus dem Haus

Die Welt schwankt unter meinen Füßen

Sie lässt dich übrigens schön grüßen

MARTIN
Na, das ist doch ein gutes Wort
Da will man gar nicht wieder fort
erhebt sein Weinglas

MICHAEL
tut ebenso und prostet ihm zu

Eh wir erneut im Trüben fischen
Möchte ich mich kurz erfrischen.
Sie prosten sich wieder zu

Ende der 4. Szene

5. SZENE

MARTIN
Bei einer solchen Diskussion
Haben wir beide was davon
Ich für meinen Teil muss sagen
Ich kann zwar manches nicht vertragen
Was der Steiner so verkündet
Aber meine Abwehr schwindet
Man kann gewiss an manchem rütteln
Kann es aber nicht abschütteln

Wenn wir uns mal überlegen
Welchen Unmut wir erregen
Komm ich wie Micha zu dem Schluss
Dass sich etwas ändern muss

MICHAEL
Du sprichst ja schon wie meine Frau
Deine Worte sind genau
Die Worte, die sie selber sprach

MARTIN
Guter Freund, gemach, gemach
Es stimmt ja, doch nur keine Sorge
Wenn ich bei Micha Worte borge
Ich greif sie auf, um dir zu zeigen
Ich mach sie mir bedingt zu eigen
Nicht etwa, um sie nachzuäffen
Vielmehr, um einen Punkt zu treffen
Den Punkt einer Gemeinsamkeit
Der in der Tat zum Himmel schreit

MICHAEL
Sprichst du im Wahn, was soll ich denken
Du wirst doch nicht wie sie umschwenken
Und dem Ganzen Glauben schenken

Du würdest dir den Kopf verrenken

MARTIN
Es ziemte dir, statt mich zu kränken
Erst dein eigenes Haupt zu senken
Wer hat denn grade noch betont
Dass er, für mich sehr ungewohnt
Dem Steiner hier und da beipflichtet
Wer hat mir denn grade berichtet
Dass er die weiße Fahne hisste
So abschüssig war wohl die Piste
Auf die dich deine Frau verschlug
Ahnst du nicht längst schon Lug und Trug
Die auf unseren Wegen lauern
Ich hörte von dir kein Bedauern

MICHAEL
schweigt

MARTIN
Noch ist die Empathie nicht tot
Es besteht noch keine Not
Sie einfach aufzukündigen
Wir würden uns versündigen
An denen, die die Hilfe brauchen
Fang deshalb jetzt nicht an zu fauchen
Ich bin ja noch auf deiner Seite
Nur nicht mehr in der ganzen Breite
Die Kritik muss uns bewegen
Künftig genau zu überlegen
Wie wir unser Tun begründen
Sonst wird die Zustimmung bald schwinden

MICHAEL
Wo siehst du die Gemeinsamkeit
Die, wie du sagst, zum Himmel schreit

MARTIN
Ich sollte sanfter formulieren
Um dich nicht zu irritieren
Oder gar zu echauffieren

Ich meine nur, wir sind kein Hostel
Wir sind nicht die Moralapostel
Nicht zum Großmeister geboren
Wir sind dafür zu sehr geschoren
Unsere Geschichte hängt uns nach
Zusammen halten wir sie wach
Gegen die, die sie verdrängen
Die sie, wie deine Frau, verengen

Doch bitte: Vorsicht walten lassen
Man könnte uns sonst wieder hassen
Darum ein Hoch auf die Debatte
Sie zeigt uns: Wir sind nicht aus Watte
Und wir bleiben auf der Matte
Doch machen wir auch keine Zicken
Die Empathie hat ihre Tücken
Wir achten jetzt auf ihre Lücken

MICHAEL
Ich habe längere Zeit geschwiegen
Muss erst noch die Kurve kriegen

Da ist noch was, das unklar bleibt

Sei froh, du bist jetzt unbeweibt
Mit deiner Ex, das ist vorbei
Das heißt, du bist inzwischen frei
Doch meine Frau ist noch die meine

Ich mag sie, zwar macht sie mir Beine
Und mutet mir enorm viel zu
Ich denke oft, die dumme Kuh
Könnte mehr Rücksicht auf mich nehmen
Statt mich mit ihren neuen Themen
Immer wieder nur zu lähmen
Doch ich mache mir nichts vor
Es wäre nur ein Eigentor
Wenn ich ab jetzt die Lust verlöre
Sie ist ja schließlich keine Göre
Die nur dummes Zeug verkündet
Obwohl sie sich zur Zeit verbündet
Mit noch gefährlicheren Leuten
Dir ihr auf einmal viel bedeuten

MARTIN
Ich tipp auf die Identitären
Und deren ärmliche Schimären
Von einem reinen Volk

MICHAEL   Genau
Ich sehe, du kennst meine Frau

Den Atem hat es mir verschlagen
Es schlug mir wirklich auf den Magen
Trotzdem muss ich es ertragen
Weil ich diese Frau noch liebe
Wohl wegen der sozialen Triebe
Von Rudolf Steiner und Konsorten
Die trifft man ja noch aller Orten

MARTIN
Hab ich eigentlich schon gesagt
Wie sehr es mich nach allem plagt
Dass ich meine Ex verließ
Ich fühlte mich danach ganz mies

Ich habe überstürzt gehandelt
Dabei warn wir eng verbandelt
Zwar hatten wir noch keine Kinder
Deshalb stimmt jedoch nicht minder
Dass ich zu ungeduldig war
Mir stellt es sich jetzt anders dar

Wenn ich es so recht betrachte
Und deinen Fall genau beachte
Den ich zu Anfang fast belachte
So muss ich jetzt offen gestehen
Mich macht es neidisch, dich zu sehen
Wie du an deiner Frau festhältst
Obwohl du doch so oft feststellst
Dass ihr nur Kontroversen habt
Ich glaube fast, du bist begabt
Begabt dafür, Geduld zu üben
Und deine Frau auch dann zu lieben
Wenn ihr auseinanderstrebt

Gibt's einen Klebstoff, der selbst klebt
Der euch nicht auseinander hebelt
Selbst wenn ihr euch mit Worten knebelt

MICHAEL
Wer weiß, doch eh ich mich's versehe
Genieß ich einfach meine Ehe
Wie wir mit den Kindern leben
Ganz unserm Eheglück ergeben

MARTIN
Du bist für mich ein Phänomen
Für mich ist das kaum zu verstehn
Doch immer göttlich anzusehn

Hast du vielleicht was mit der Venus

MICHAEL
Komm, rede doch jetzt keinen Stuss

MARTIN
Oder mit Amor, ihrem Sohn

MICHAEL
Jetzt spielst dú aber den Clown
Was weiß ein Linker schon davon

MARTIN
Egal, woher die Liebe kommt
Und wie sie dir und Micha frommt
Auch politisch ist es klug
Haben wir nicht längst genug
Von Medienleuten, die fast keifen
Und die sich fast darauf versteifen
Wir müssten Feindschaft walten lassen
Und die Neue Rechte hassen

Wir stünden wohl am Ende da
Wie heute schon die USA
Wir würden in den Gräben liegen
Und uns einander nur bekriegen

Selbst liberale Journalisten
Greifen in die Mottenkisten
Als ob's nicht schon genug Hass gäbe

MICHAEL
Ich stimme zu – die Liebe lebe
Obwohl ich nicht an Micha klebe
Diesen Klebstoff gibt es nicht
Jedenfalls nicht aus meiner Sicht

Nimm es bitte mal so hin
Dass ich einfach glücklich bin

Es ist wohl kein Geschenk des Himmels
Sondern eher meines Fimmels
Dass ich gern zusammen bin
Schon darin seh ich einen Sinn

Doch was, wenn all das nicht so wäre
Dann ginge es auch an meine Ehre
Dann hätte ich wohl auch Beschwerden
Und würde auch feindselig werden

MARTIN
Wie gut für uns, dass du's nicht bist
Dein Glück hat etwas von der List
Es ist die List von der Vernunft
Das sagt die Philosophenzunft
Ich gehöre ihr nicht an
Doch ich leih mir dann und wann
Einen Gedanken von ihr aus

MICHAEL
Wie gelehrt, du altes Haus

MARTIN
Auch sind die Götter wohl im Spiel

MARTIN
Jetzt schießt du wieder übers Ziel
Das wird mir im Moment zu viel

Ich finde, es ist wieder Zeit
Für eine neue Gelegenheit
Unseren Disput zu stoppen

Trinken wir noch einen Schoppen!
prosten sich gemeinsam zu

Ende der 5. Szene

6. SZENE

MARTIN
Was ist eigentlich mit Nüssen

Wenn wir hier schon reden müssen

Wir können gerne weiter zechen
Gerne auch bis zum Erbrechen
Doch eine Grundlage muss sein

MICHAEL
ruft von der Küche

Ja, ja, krieg dich nur wieder ein
Ich such was Passendes zum Wein
sucht

Hier hab ich eine Tüte Chips
Die beflügelt deinen Grips
kommt und stellt die Schale Chips auf den Tisch

MARTIN
greift gleich zu und probiert sie;
zieht ein Gesicht

Wann hast du diese Chips gekauft

MICHAEL
hört nicht genau hin, da er sich gerade setzt
Nein, nur Micha ist getauft

Iss gern davon, so viel du willst
Bis du deinen Hunger stillst

MARTIN
Das war gar nicht meine Frage
Ich bin grad gar nicht in der Lage
Jetzt so viel davon zu essen
Oder sie in mich reinzufressen
Denn das Zeug ist nicht mehr frisch

MICHAEL
Was andres kommt nicht auf den Tisch

Die Chips sind aus den Niederlanden
Wo wir sie frisch im Laden fanden

MARTIN
Na gut, der Hunger treibt es rein
Zum Glück haben wir ja den Wein
nimmt wieder von den Chips
und kaut hörbar

MICHAEL
Iss leiser, ich kann das nicht hören
Das würde mich beim Denken stören

MARTIN
Diese Handvoll bitte noch
Das gestattest du mir doch
hat schließlich ein Einsehen;
hört danach auf zu kauen

Hast du nicht eben ungefragt
Über Micha ausgesagt
Von euch Zwein sei sie getauft

Hast du ihr das abgekauft

MICHAEL
Die Haare hab ich mir gerauft
Dazu ist sie jetzt noch katholisch
Da werde ich fast melancholisch

MARTIN
für sich

Ich dachte, er wird alkoholisch
wieder zu Michael gewandt

Sei froh, du liebst jetzt eine Christin
Und nicht mehr eine Atheistin

Doch sag, wo warn wir stehn geblieben

MICHAEL
Dass meine Frau und ich uns lieben

MARTIN
Das ist inzwischen unbestritten
Doch ich möchte dich nun bitten
Wieder sachlicher zu werden
Und dich wieder ganz zu erden

MICHAEL
Also gut, ich will mich zähmen
Will mit der Liebe nichts verbrämen

Wir warn bei der Identität
Mit wem sich Micha jetzt berät
Wir warn bei ihren neuen Freunden
Die unsereins so gern verleumden
Weil wir angeblich haltlos sind
Sie halten uns für reichlich blind

MARTIN

Ja, stimmt! Jetzt wird es ungemütlich
Denn in der Regel lässt sich friedlich
Kaum über dieses Thema sprechen
Man hat Angst, den Stab zu brechen
Sich am andern nur zu rächen
Weil dessen Meinung uns nicht passt
Schon deshalb ist er uns verhasst

MICHAEL

Das trifft für beide Seiten zu
Da gerät man dann im Nu
In eine teuflische Spirale
Das habe ich schon manche Male
Hier in diesem Haus erlebt
Es ist, als wenn die Erde bebt
Das haut dich richtig von den Socken
Da bleibt normal kein Auge trocken

MARTIN

Um das in Zukunft zu vermeiden
Sollte man beiderseits beeiden
Dass man den andern wert erachtet
Ihn nicht gleich missgünstig betrachtet
Wenn er sich mal überschlägt
Sich auf ein Ziel zubewegt
Das unsren Unwillen erregt

Wozu machen wir denn Politik
Doch nicht, um irgendeinen Krieg
Auch nicht, um Unfrieden zu stiften
Und uns ständig anzugiften

Ich denke, jedes Argument
Sei es uns auch noch so fremd
Besitzt verborgene Facetten
Mit unbekannten Etiketten

Wir müssen nur gut danach suchen
Dürfen den andern nicht verfluchen
Das heißt für mich Deeskalieren
Oder Entpolitisieren

MICHAEL
Auch bei Extremisten-Hetze

MARTIN
Da helfen nur noch Strafgesetze

Doch vieles ist nicht gleich extrem
Wir sind nur meistens zu bequem
Da genauer hinzusehen
Wollen es gar nicht erst verstehen

Wir kategorisieren gern
Das Nuancieren liegt uns fern
›Links‹ und ›rechts‹: solche Begriffe
Sind für mich nur dumme Kniffe
Von Leuten, die nicht denken wollen
Sondern nur politisch grollen …

MICHAEL
unterbricht ihn plötzlich

Das klingt zwar irgendwie ganz zünftig
Und irgendwie auch ganz vernünftig
Doch ist es mir noch zu abstrakt

MARTIN
Jetzt bringst du mich ganz aus dem Takt
überlegt

Na gut, da fehlt die Konkretion
Sonst hat ja keiner was davon
Ich muss es noch mit Fakten füllen

Auch um den Wissensdurst zu stillen

MICHAEL
Du bringst mich grad auf den Gedanken
Wie meine Frau und ich uns zanken
Es geht nicht immer gleich um Feindschaft
Sondern eher um Gemeinschaft
Die vermisst sie sehr bei mir
Ich indessen nicht bei ihr

Sie vermisst sie nicht im Leben
Wir sind uns beide ja ergeben
Sie sieht sie nicht in meinem Denken
Als würde ich etwas verschenken
Was unbedingt dazugehört

MARTIN
Ich glaub zu wissen, was sie stört
Es ist ja eine ›linke‹ Masche
Die zieht noch jeder aus der Tasche
Der bei Euch was auf sich hält
Weil sie euch allen so gefällt

Ich hoffe, du bist nicht beleidigt
Wir sind ja vor uns selbst vereidigt

MICHAEL
Schieß los, ich bin noch gut gestimmt
Der Wein hat mich schon leicht gedimmt
trinkt nochmal einen ordentlichen Schluck

MARTIN
tut desgleichen

Ich denke, wenn ich die Tenöre
Von der Linken reden höre
Wie sie dieses Thema angehn

Und wie sie es uns gerne andrehn
Dass Identität nicht greifbar sei
Dann ist für mich alles vorbei

Sie glauben an die Postmodernen
Es heißt: Von den Franzosen lernen

Bei einem krieg ich schon zu viel
Er schreibt, das Ich sei instabil …

MICHAEL
unterbricht

Dagegen lässt sich noch nichts sagen
Da hättest du gleich mich am Kragen

MARTIN
Warte, lass mich kurz entwickeln
Fang noch nicht gleich an zu nickeln

Natürlich weiß ich, auch mein Ich
Lässt mich oft genug im Stich
Stabil fühl ich mich nur ganz selten
Davon trennen mich oft Welten
Doch der Mann, den ich zitiere
Und den ich nicht mal persifliere
Der meint es gar nicht negativ
Für den ist alles relativ
Das Ich ist nicht nur instabil
Hält sozusagen keinen Kiel
Es ist auch ein multiples Ich
Unstetig, es verändert sich
Es ist, sagt er, ständig im Fluss
Doch es führt nicht zu Verdruss
Das Kiel-lose, wenn man so will
Gehört zu seinem guten Stil
Dies Ich strebt nicht, mit einem Wort

Nach einem sichereren Ort
Wo es Stabilität entfaltet
Das wäre für ihn ganz veraltet
Es verhält sich situativ
Das finde ich äußerst naiv
Die Identität geht völlig unter
Aber das Ich, das bleibt putzmunter

MICHAEL
Der Mann ist ziemlich interessant
Und unter Linken gut bekannt

MARTIN
Michael, jetzt mal ganz ehrlich
Findest du das nicht gefährlich

MICHAEL
Auf den ersten Blick noch nicht
Spiel nicht gleich das Strafgericht
Dein Autor dachte wohl an Thales
An dessen Satz, es fließe alles

MARTIN
Ja, im Falle eines Falles
Bedeutet Thales ihm wohl alles
Doch zerfließt dann auch mein Ich
Es ließe mich dann stets im Stich
Wenn ich einmal des Halts bedarf
Deshalb schließ ich messerscharf
Dieser Ansatz, postmodern
Liegt mir ferner noch als fern
Er leugnet alle unsre Schwächen
Das musste sich politisch rächen

MICHAEL
Ach, dárauf willst du jetzt hinaus
Du sagst, wir stehen vor dem Aus

Weil wir keinen Halt mehr bieten
Weil unsre Ansätze verrieten
Dass wir keine Haltung haben
Da wir die Identität aufgaben

MARTIN
Ja, das trifft es wohl recht gut
Was Haltlosigkeit mit uns tut
Auf ›Haltung‹ wär ich nicht gekommen
Doch sie ist, genaugenommen
Der wunde Punkt, da hast du Recht
Denn um die Haltung steht es schlecht

Wenn mein Ich nur noch zerfließt
Und sich jedem Halt verschließt
Bin ich nicht mal Rohr im Winde
Ich fühle nur noch, ich verschwinde
Und kipp mir was hinter die Binde

MICHAEL
nach einer kleinen Pause der Nachdenklichkeit

Da ist was, das ich schwer verwinde

Um mich jetzt mal einzuklinken
Deine Kritik an deutschen Linken
Oder an Linken allgemein
Scheint mir zu pauschal zu sein
Du leugnest völlig den Betrag
Der im Freiheitsmoment lag

MARTIN
Meinst du Betrag oder Betrug

MICHAEL
Lass jetzt bitte diesen Spuk
Davon hab ich echt genug

MARTIN
Ich sehe, du bist angespannt
Der Wein hat nicht genug gebrannt
Ich kann es nur zu gut verstehen
Kritik kann an die Nieren gehen
Mein instabiles Ich rät dir
Geh kurz einmal vor deine Tür
Wir sehen uns ja eh gleich wieder
Da ringe mich dann gerne nieder.
erhebt sein Glas und prostet Michael zu;
der erwidert die Geste

Ende der 6. Szene

7. SZENE

MICHAEL
hat eine Flasche Wasser mit zwei Gläsern geholt

Das Wasser, das macht uns immun
Davon wirst auch du nicht duhn
trinken beide davon;
nach einer Pause

Mir ist, als wärst du gerne Micha

MARTIN
Bist du dir da wirklich sicher

MICHAEL
Nein, sicher bin ich mir da nicht
Doch teile ich nicht deine Sicht
Was das Ich für uns bedeutet
Ob die Alarmglocke schon läutet
Wenn wir nicht stets wir selber bleiben
Als müssten wir uns erst entleiben
Ehe wir uns etwas wandeln
Und mal als ein andrer handeln

Du unterschlägst, wie schon gesagt
Die Freiheit, sie erscheint vertagt
Obgleich sie in das Ich reinragt
Ich bin mal dieser, bin mal der
Das fällt mir überhaupt nicht schwer
Nur meine Frau will das nicht wissen
Sie schmeißt dann meistens mit den Kissen

MARTIN
Du meinst also, ich sei wie sie

MICHAEL
Ja, du redest irgendwie
Als brächest du was übers Knie
Natürlich nicht wie sie genau

MARTIN
Dann wär ich ja auch deine Frau

MICHAEL
Wie angenehm, dass du's nicht bist
Und dass hier jetzt kein Kissen ist

MARTIN
Obwohl so eine Kissenschlacht
Mir manchmal richtig Freude macht

MICHAEL
Statt dir jetzt Freude zu bereiten
Will ich mich lieber mit dir streiten

Was sagst du zu dem Argument
Das uns voneinander trennt

MARTIN
Dazu fällt mir jetzt bloß ein
Die Freiheit, die ist oft nur Schein
Du denkst, du hast ein zweites Ich
Doch das zweite ähnelt sich
Jedenfalls gilt das für mich
Ich könnte nur schwer unterscheiden
Welches Ich von deinen beiden
Nun tatsächlich anders ist

MICHAEL

Ja, weil du festgefahren bist
Du unterschätzt wohl in der Tat
Den personalen Freiheitsgrad
Den jede Person in sich hat

MARTIN

Wohl wahr, ich bin bestimmt zu soft
Denn ich vermisse allzu oft –
Worauf mein Ich vergeblich hofft –
Sowas wie Kontinuität
Die sich für mich von selbst versteht
Ein Ich, das sich, egal, was kommt
Nicht irritieren lässt, statt prompt
Gleich auf ein anderes zu setzen
Und das stabile zu verletzen

Ich finde uns zu flatterhaft
Wo jedes Ich nach andren gafft

MICHAEL

Das klingt sehr nach »Ein Mann ein Wort«

MARTIN

Na und, das wäre doch kein Tort
Uns fehlen heute Mannsfiguren

MICHAEL

Mir scheint, du willst jetzt unsre Uhren
Wieder etwas rückwärts stellen
Ich hör's schon in den Ohren gellen
Wie die falschen Hunde bellen

MARTIN

Sei nicht so ängstlich, guter Mann
Erhebe dich mal irgendwann
Über dein eingefahrenes Denken

Ich würde dich so gerne lenken
Natürlich immer nur ganz sacht

MICHAEL
Jetzt weiß ich, was mir Sorgen macht
Auch du lässt dich wahrscheinlich taufen

MICHAEL
Ich bin es längst, das ist gelaufen
Ich war's schon früh, nicht erst so spät
Wenn das Leben Zweifel sät
Die Eltern taten es für mich
Und der Säugling fügte sich
Fragte nicht, ob er es soll
Deshalb finde ich es toll
Dass Micha sich so spät entschied

MICHAEL
Ich weiß nicht, wer sie da beriet

MARTIN
Sei doch froh, dass sie es tat
Vielleicht brauchst du noch ihren Rat
Das Christliche gleicht einer Quelle
Von der wir uns für alle Fälle
Etwas ausbedingen könnten
Falls wir uns zu viel Freiheit gönnten

MICHAEL
Ich dachte, du bist Liberaler
Ab jetzt gäbe ich keinen Taler
Für deine liberale Haltung
Sie strotzt ja nur so vor Veraltung

MARTIN
Du denkst, ich brauche eine Kur
Da sag ich nur: Sei nicht so stur

Wer weiß, sind wir nicht beide schuld
Treiben wir nicht einen Kult
Um unser ach so freies Ich
Wie du, sah ich nämlich auch mich
Mit meiner Ex zum Streit getrieben
Bis wir uns daran zerrieben
Ich schubste sie dann von mir weg
Das hatte jedoch keinen Zweck
Der Schubs, der ging nach hinten los
Heute stellt mich das noch bloß

Ich war es, der sie dorthin trieb
Wo sie wohl bis dato blieb
Sie ging zu den Alternativen
Wegen der andren Perspektiven
Ein Fall, der mich an dich gemahnt
Ich hab's nur damals nicht geahnt

Doch Micha wird nicht tragisch enden
Bei dir ist sie in guten Händen

MICHAEL
Du sagst sehr wunderliche Dinge
Sodass ich arg um Worte ringe
nach einer Weile

Mir reißt so langsam die Geduld
Sagst du nicht, auch ich sei schuld
An der Verwandlung meiner Frau
Sagst du das nicht ganz genau

MARTIN
Nein, das maß ich mir nicht an
Ich meine nur, es ist was dran
Dass wir nicht völlig schuldlos sind
Alles andere wäre blind

Der Wandel kam nicht über Nacht
Das wäre ja auch wohl gelacht
Wir habn uns das nur so gedacht
Und es uns zu leicht gemacht

MICHAEL
Das ist sehr starke Munition
Du weißt, ich halte nichts davon

Ich muss das erstmal sacken lassen
Sonst weiß ich mich nicht mehr zu fassen
wieder nach einer Weile,
nun ruhiger geworden

Ich käme gern nochmal zurück –
Wir hatten das bereits im Blick –
Auf den Mangel an Gemeinschaft
Als reimte sie sich auf die Feindschaft
Sagtest du das oder ich

MARTIN
Ich passe, denn ich weiß es nicht
Wirft deine Frau dir das nicht vor

MICHAEL
Ja, sie meint, ich sei ein Tor
Für mich sei sowas nur Dekor

Es stimmt, bei mir ist das ein Mangel

MICHAEL
Da hat sie dich an ihrer Angel
Wir können gleich beim Thema bleiben
Dürfen uns nur nicht zerreiben
Wir müssen es bloß übersetzen
Ohne den Kontext zu verletzen

MICHAEL
Was steht dir da genau vor Augen
Wozu soll der Vorgang taugen

MARTIN
Dazu, ob wir nicht auch blind
Für andere Probleme sind
Etwa für ethnische Bestimmung
Und deutsche National-Gesinnung
Auf die doch deine Frau Wert legt
Die sie sorgsam hegt und pflegt

Wenn wir uns vorgaukeln, wir seien
Um uns davon zu befreien
Keiner Nation zugehörig
Seien quasi untergärig
Wie eine Bierhefe gebaut
Die wird, scheint es, wohl so gebraut
Nämlich aus verschiedenen Stämmen
Die dann Richtung Boden schwemmen ...

MICHAEL
unterbricht ihn

Du trinkst zwar Brandy fast wie Bier
Trotz alledem rate ich dir
Lass die Hefe ruhig sinken
Und uns weiter Rotwein trinken
Dein Beispiel scheint mir auch zu hinken
Und nach Gerstensaft zu stinken

MARTIN
Ich habe doch nur zeigen wollen
Dass alle diese richtig tollen
Ideen des Multikulturellen
An den für uns entscheidenden Stellen
Ihren Dienst versagen müssen

Da nämlich, wo sie uns verdrießen
Weil wir mit ihnen nur zerfließen
Wie die verschiedenen Hefe-Stämme
In ihrer Pils- und Lager-Schwemme

Es ist das Gleiche mit dem Ich
Zu instabil, verfängt es sich

Dein Freiheits-Ich in allen Ehren
Ich möchte es dir nicht verwehren
Wir müssen es nicht ganz entbehren
Dürfen uns nur nicht verzehren
Weil viele sich darum nicht scheren

Auch deine Frau und meine Ex

Das machte mich erst so perplex

MICHAEL
Willst du nur Mono und kein Multi

MARTIN
Nein, nur nicht immer Multikulti
Jede Kultur ist ein Gewinn
Eine allein macht keinen Sinn
Doch manche von euch gehn zu weit
Da verstehe ich den Streit
Zwischen deiner Frau und dir
Mir geht es da genau wie ihr

Man darf uns selbst doch nicht vergessen
Manche von euch sind so besessen
Von der Idee vieler Kulturen
Als wären wir nur noch Lemuren
Als wär die unsre nur ein Schatten
Von der Kultur, die wir mal hatten

MICHAEL

Das ist plural und demokratisch
Da wird die eigne automatisch
Bloß zu einer unter vielen
In einem bunten Strauß von Stilen

MARTIN

Wenn's denn so wäre, wär ich froh
Ist es denn bei uns wirklich so

Ein Rückblick könnte sich da lohnen
Ich mag dich wieder nicht verschonen

Wenn einer bei Demonstrationen
Harmlos die deutsche Fahne schwenkt
Wird er bei euch rausgedrängt
Obwohl er sich zum Ziel bekennt
Zum gleichen Ziel der Demonstranten
Die ihn aus ihren Reihn verbannten

Das ist leider kein Einzelfall
Es ist inzwischen ganz normal

MICHAEL

Ist es nicht eine Art Diät
Die wir uns aus Pietät
Für jene andren Stile –
Und es sind ja wirklich viele –
Nun einmal verordnen müssen

MARTIN

Man will doch nicht die Fahne küssen
Sondern nur aus Freude hissen
Ich möchte sie deshalb nicht missen

Was warn das noch für Zeiten –
Das wirst du nicht bestreiten –

Als wir alle Fähnchen schwenkten
Und sie an unsre Autos hängten
Wegen der deutschen Weltmeister

Jetzt aber schießen wir kopeister
So stark ist die Konformität
Von der – wie sagtes du? – Diät
Oder von unsrer Pietät

Am bunten Strauß droht unsre Blume –
Und das ist nicht zu unsrem Ruhme –
Still und langsam zu vergehen

MICHAEL
wird jetzt hitzig

Ich mag dich jetzt nicht mehr verstehen
Es scheint ein andrer Wind zu wehen

Mir wird es auch ehrlich zu viel
Besonders dein zu grober Stil
Du hämmerst immer auf uns rum

Am Ende ist mir das zu dumm
Wenn du so weiter machst, dann geh
Gerne auch du zur AfD
Und verlass die FDP

MARTIN
verliert ebenfalls die Contenance

Bist du jetzt völlig außer dir
Du weißt doch, ginge es nach mir
Sollte die AfD so klein
Wie meine Partei heute sein
Und meine dafür so groß wie sie

MICHAEL
Ja, ja, ja, das schaffst du nie
Das ist alles bloß Gerede
Jetzt haben wir unsre alte Fehde
steht auf und geht wütend im Raum herum, Martin desgleichen;
plötzlich öffnet sich die Tür und Michaela tritt herein

MICHAELA
Verzeiht, bei mir war früher Schluss
Deshalb nahm ich gleich den Bus
Um euch beide noch zu sehen
sieht die beiden wütend aufeinander im Zimmer herumstehen

Doch wie ist das zu verstehen
Komm ich etwa ungelegen
Ist das etwa meinetwegen
hält plötzlich inne; dann

Sicher habt ihr euch gestritten
Und habt darunter sehr gelitten
hält nochmal inne; dann

Bitte setzt euch wieder hin
So rumzustehn, macht wenig Sinn
Ich bring uns auch ne Flasche Gin
Die gießen wir uns hinters Kinn
geht in die Küche, holt die Flasche mit zwei neuen Gläsern
und serviert sie auf dem Tisch; sieht die Weingläser;
setzt sich; die beiden tun es ihr nach

Euch scheint der Wein zu Kopf gestiegen
Das müssen wir geradebiegen
Den Wein soll jetzt der Gin besiegen
In dem verborgene Kräfte liegen
Des Öfteren hört ich, über Nacht
Hätte er wahre Wunder vollbracht.

Ende